오래된 호수

책 만 드 는 집 시 인 선 066

오래된 호수

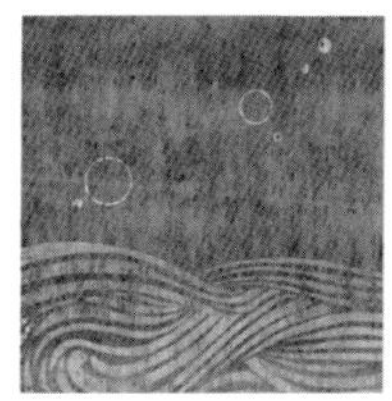

강재순 시집

책만드는집

| 시인의 말 |

……

어렴풋이 새벽이 밝아온다.

2015년 1월

강재순

| 차례 |

1부

2부

3부

1부

왈츠

아무도 몰래
나를 사랑하는 시간
나와 둘이서
비밀을 만들 수 있는 시간
해가 가장 높이 떠오른 시간

푸른 물결 아래 누워
나의 구석구석을
알아가는 시간

오월의 나뭇잎은 물결 위로
흘러간다 연푸른빛 좋아
나만의 사랑을 느낄 줄 아는
내가 좋아

달과 별 사이 마디마디
다 만져지는 사이로
한마디 고백 물컹하여
달콤한 비 내리는 시간

벚꽃 만개

엄마의 방엔 액자가 있다
활짝 피어 있다 될수록 기쁜 기념일들이
앞다투어 뿌리를 향해 심지를 꽂고
죽기 살기로 벌어져 있다

벌어지는 단 한순간 면사포를 쓰고 사진을 찍은
신혼부부가 있다
고운 옷 입은 사람을 보러 광야에 갔나
누군가 아픈 말을 할 때가 있다

창호지도 없는 고향의 쪽방
엄마는 마른기침을 토하신다
괜찮다고 내저으시는 마디 손은
다 안으로 구부러져 있다

사람에게 의지하지 마라
벽엔 커다란 글자들이
흔들리며 죽기 살기로 벌어져 있다

오랜만에 찾아든 고향 집
꽃무늬 옷을 차려입고 꽃처럼 벙그는 엄마
집도 없는 엄마, 액자를 휘감고
꽃대궁이 뻗어 오르고 있다

청도에서

청도 앞바다에서 먼 데를 보았습니다 바닷물과 하늘
모래무지와 갯벌이 서 있는 자리를 잊었습니다
허공에 갈매기들이 글자를 새기고 있었습니다
나도 어디 있는 줄 몰랐습니다 당신을 쫓아가다가
어지러웠습니다 곧게 이어진 흰 물거품 있는 곳에서
당신이 사라졌습니다

될수록 될수록

우리는 추억 속의 사람들
어디로 가는 거니?
동그란 해는 대롱대롱
손금을 헤아려준다

손금 안에는 이승과 저승의 운명이
다 들어 있어
이렇게 무겁게 끌고 다니는 것이다

어디로 가는 거니?
먼 데로? 먼 데는 참 슬픈데
될수록 가까이서 기쁨을 맛보았으면

슬픔을 알면 안 된다 될수록
추억도 까치에게 접어주고
나는 깃털 하나에 꽃잎 하나
태양비가 하얗게 내린다

운동장 돌기

청년정치학교
작은 마당은 붐빈다

바람 부는 초저녁
플라타너스, 큰 둥치가 열두 그루
칠월의 나뭇잎들은
시멘트 바닥 사이사이에
날카로운 촉수를 뻗어
열기를 빨아들인다
몸에 난 구멍들도 앞다퉈
파르스름해지고 있다

서로 애쓰는 얼굴들이 겹친다
걷고 또 걷다 보면
사람들이, 하늘의 구름이
젖어버린 나무의 등이
팔뚝을 걷어 올리고
어느 품속으로 들어가고 있다

초록으로 물들어
팔랑거리는 나무의 끝
이른 별이 뜨고 있다

등

잎사귀의 등

등의 빛깔은 푸르다

연푸른 물이 흐른다

저렇게 서늘한

잎새의 등을

가진 사람이 있었다

푸른 흔적이

우주를 물들이고 있다

꾸우욱

까치
종달새
딱따구리

새벽이
소리로 물든다

될수록 깊은 곳
풀잎 위
찐하게 물든 곳
바람 위
창문 위
내 가슴뼈 있는 데

첫사랑에 눈뜰 때처럼
서늘한 곳
동쪽 하늘 못다 진
하얀 별
있는 그곳

아리 아라리요

앞 동 화단에 홍매화
여남은 그루 만개했다
터널 속으로 한 세월 들락거렸다
꽃그늘이 뱃속까지 묵직했다
그러니까 춥지 않았다
햇살이 꽃과 얼굴을 번갈아 가며
간지럽혔다

홍매 나무 아래 사월이라고
발자국 찍혀 있었다
누구의 발자국일까
들어간 자리가 빛났다
가지 위엔 살들의 향연
봉긋하게 부푼
몽울이 터졌다

노을이 등에 번졌다
어떤 흔적처럼
온 세상이 하얬다

12시

이익을 주는 시계

꽃이 오만하게 줄기를
세우는 정오

울려 퍼지는 맥박
파랑과 하양의 눈부신 키스

고양이의 잠자는 털

햇빛 속으로 마구
들어가는 정오!

숲과 방

꿈에 누가 왔다
내 안에 갇혀 오도 가도
못했던 길

숲은 길게 이어져 있다

돌고 돌아 있구나
막다른 길도 있구나
즐거운 일이 흘러내리고

물방울 한 방울
물방울 두 방울
검은 색깔이 되어 뚝뚝

그늘이 몸을 도려내고 있구나

집을 찾지 못한 새는
꿈속에서 꾸욱 울부짖는다

휘이― 하는 소리
삐― 하는 소리

고양이의 집에서는
처절한 싸움이 일어났구나

훅, 붉은 해가 동터야겠다

나는 나 자신의 숲에서
반성할 일을 만든다

어디 갔다 오며

'그럼에도 불구하고라는 말을 들었다'
라는 시를 보았다 나루터 역에서

가슴에 넣고 한참 둥글려 보았더니
보들보들하게 피어올랐다

땅속으로 소나기와 바윗덩어리가 굴러 온다
밖에선 진짜 비가 내리고 진짜 차들이
달려가는데 유리관 속에 갇힌
벚꽃을 보고 하늘은 맑다고 했다

물길 깊숙이 들어앉아
발가락을 까딱까딱 건들거려보는 오후
터널이 뱀처럼 꼬리를 흔들고 있는걸
나의 한 몸이 검은 터널인걸
꼬리는 한없이 풀려 나와 과실나무들을
휘감고 올라가는걸

어쩔 수 없이
동굴에서 마주친 그 말이 한참을
배고프지 않게 했다

목련

벙그는 꽃

의기양양
가지는 휘영청
이파리는 찢겨
갈 길 모르는데

꽃 위로
바람과 나비가
번갈아 온다

찢긴 곳은 금이 가 있다

벙그는 치욕

주거침입자

숲에 들어가니 비둘기가 나를 보고 푸드득 날아가고 웅크려 있던 흰 고양이 슬금슬금 뒷걸음쳐 사라진다 숲엔 나 혼자 있고 이마 위로 흘러내린 버찌 열매가 동그랗게 설익어 있다 초록이 등 뒤에서 밀려온다

숲은

고양이의

즐비한 정원

바위 옆에 검은 고양이

백양나무 기둥엔 흰 고양이

길 한복판에 퍼지른

갈색 고양이

눈이 반딧불처럼

번들거린다

땡볕에 실려 온 바람

흔들리는 풀

부드러운 털

늦봄 향기

쏟아지는

고양이의

눈

뒤뚱뒤뚱

당나귀를 끌고 누가 왔다
우연이었는지

마루에는 푸른 열매 든 바구니가 놓여 있다
부엌에선 어머니가 불을 지피고 있다
당나귀는 조그맣고 둥근
엉덩이를 가지고 있다

나는 푸른 열매를 당나귀에게
세어주다 잊어버린다
품에 머리를 들이밀던
당나귀의 귀를 잃어버린다

부드러운 당나귀가 없다 푸른 열매도 없다
장롱을 보니 알겠다 부엌과 책장을 보니

접힌 집 안의 물건들이 다 입을 다물고 있다
봄바람이 스산하게 지붕과 벽을
쓸어내리고 있다

믿음이 약한 자

당신 대신 조금은
내가 아프기도 한 날
한 냄비 끓어오른 국물처럼 부글부글
미워하기도 한 날
알 수는 없지만 사소한 인생이라고
모진 하루 모진 시간을
보내며 사소함에
목숨을 건다 발목을 휘감고
패랭이꽃이 핀다 아름답다
얼마나 아름다운지
파란 살냄새가 나는 꽃

황사 바람 그윽한 대륙에는
휑뎅그레 뿌우연 해가 떴는데
어떤 사람이 그걸
달이라 부르며 웃고 있다

잠 못 드는 밤

밤 한 시 태양이 뜬다
붉은 과즙이 흘러내린다
바구니 가득 담긴 태양
한입 베어 물기 아까워 들었다 놓았다 한다
바지에 문지르고 문질러 맨질맨질해지도록
문질러 모난 데가 하나 없는 태양

나는 믿는다 둥그렇고
살이 통통한 엉덩이 같은
귀여운 밤의 태양을
숲에선 고양이의 붉은 울음이
방 한가득 쏟아져 꿀맛 같은 말을 건넨다
걱정하지 말아요 내일은 내일의 태양이 뜨니
타향에서 언제나 건강을 조심하고

이 방은 잠시 타향 우리는 모두의 타향
우리는 서로를 안심시켜주기로 한다
이 방은 잠시 과수원의 복숭아나무를

키우기로 한다 그런 밤 한 시는
슬프지 않아도 되고 따뜻하지 않아도 되고
오래된 물건이 없어도 된다

제목

안아주고 싶은 제목이 있다
버찌 열매가 든 봉투를 받았다 빨갛고
동그란 해가 바다 위로 떠오른다

이것은 우리들의 요약된 서두이다
우리들은 세 시 삼십 분에 저녁을 먹기로 한다
레이와 빌과 낸시라는 젊은 여자는 베트남 식당에서
그림만 보고 요리를 시킨다
우리들은 낯선 입맛을 즐긴다

다른 말을 지니고 있어도
레이는 퀘이커 교도이며 피아니스트,
빌과 낸시는 결혼을 한다
우리는 레이의 연주곡을 듣는다
식탁 위의 장미꽃은 가시를
잃어버려 아플 수도 있다

우리들은 코리안 아메리칸 차이니즈 재퍼니즈

말하자면 알 수 없는 요리이며 낯선 입맛들
저마다 자기 사연에 맞는
눈물을 흘린다 휴일의 피날레는
포옹으로 끝난다 세 번이라고
말하는 레이의 눈물은 말하자면 붉은색이다

길 위에서

춤을 추고 악기를 연주하고
노래하고 싸우며 속으로는
왕이 될 것을 생각하는 각자

산사대 정문 앞
광장에는 마오쩌둥의 동상이 있다
그는 커다란 오른손을 하늘을 향해
치켜세우고 있다

양복의 긴 자락이
바람으로 잠시 들리고 있다

행인들이 봄볕 속에서 목련꽃 웃음을
터뜨리고 있다
로봇을 조립하는 조무래기들이 있다

교문 밖 조그만 길들이 모여들고 있다
길들은 한 다발의 꽃들을 쏟아놓기도 하고

밀어내기도 한다

왁자한 거리마다 피어나는
흰 목련의 그림자가 광장으로 번지고 있다
허공에 매달린 검은 뿔테 안경이
웃음이 터지려는지 들썩거리고 있다

등 뒤에 숨은 손이 자기 주먹보다 큰
돌덩이를 꽉 쥐고 있다

편안한 잠

할 수 있는 데까지만 할 것
더 이상은 바라지 말 것
다른 세상을 청하지 말 것

출구는 뒤로 희망도 뒤로
아무 데로도 기울어지지 않고
자기의 할 일을 하기

말이 안 통하는 사람과도 목욕할 수 있기
같이 밥 먹는 사람과 사진 찍기
대륙엔 황사가 심한데 어디에서나 만발하기

서울만큼 넓은 창에 떠오르는 얼굴
멀어지면 잊히리니
길 속으로 걸어 들어가기

거짓말이라면 오늘 화병에
백합이라도 꽂아놓고!

해가 나온 꿈

태양이 떨어졌다
시속 오천 킬로미터로
세차게 뒹굴며 내리꽂힌 태양은
눈처럼 희었다

우상을 버리라고 했다
너무나 차가워 뜨거운 태양 몸속까지
굴러 들어와 일단 아린 몸

사랑은, 하고 웃고만 싶었다
전부를 주지 말라고 했다
태양은 눈부신 하양
새벽녘 깨진 눈덩이 속에는
아쉬운 생각이 들어 있었다

엄마는 문간에 앉아 국밥을 뜨고 있었다
국물이 무릎까지 젖어 있었다

2부

비행 중

이곳은 하늘이라 흔들립니다 나는 머리카락을 발목에 묶고 대롱대롱 매달려 있습니다 구름은 둥둥 목적지를 잃었습니다

하늘 속 살냄새는 눈보다 흽니다 눈부신 구름 냄새가 젖무덤 사이에서 났습니다 심장은 뛰고 있습니다 오천 피트쯤 구름밭 잠시라도 뚫을 수 있는 길이 있습니다

별의 기억

슬레이트 지붕의 본채 옆엔 달아낸 초가지붕의
흙담이 있었다 남향은 아릿한 코끝을 지니고 있었다

싸리나무로 엮은 토끼장 안에 빨간 눈
빛나는 다섯 마리의 토끼가 살았다

흰 털이 바람에 산들거리며
코끝에 번지는 남쪽 냄새를 쓸어주었다

동갑내기 친구와 차돌로 공기놀이를 했다
조무래기들은 꼭 싸우고 헤어졌다

혼자 남아 먼 훗날을 그려보았다
바닥엔 언제나 똑같은 풍경이 그려졌다

언덕 너머로 제트기가 날아갈 때도 있었다
가슴을 가르는 소리가 햇빛까지 닿았다

토끼들은 하나둘 사라져갔다 꼬마는
흰옷을 입고 언덕을 오르락내리락했다

맨드라미꽃 진홍빛 피 흘리며 스러져갈 때
봄볕을 버리지 못한 채 뜨겁게 비가 흐르고 있었다

하현

기러기가 날아가는 달

모두 사라진 것은 아닌 달

산책하기에 알맞은 달

수의를 입은 하얀 달

파르스름하게 숨을 쉬는 달

미소가 있는 교회 첨탑에 박힌 달

플래카드를 이마에 두른 달

풍경이 한 번 자리를 고치고

열두 시가 넘으면

기도를 마친 수사들이

날개의 꺾인 부분을 가다듬는 서쪽

고개를 집어넣고 한없이 구부리는 달

창에 있는 사람

누가 있다
창 저쪽

참 조그맣다
아무것도 없는
검은 얼굴

그런데 아무것도는
아닌 그런
눈 코 귀

밖은 어둠인데
불을 켜니 창문에
보인다

모두 없는
내가 보인다

제남에 온 날

믿는다는 믿음 그뿐
바람은 불고 춥다

황혼은 조금씩
무거워진다

헛된 꿈이건 아니건
운행하는 별이 있다

천천히
아무 데로든지
어디에나에
멍텅구리 별

모든 것을 잃어가던
아름다운 시절

어슴프레 별이
뜨고 있다

상실의 시선

가슴을 헝겊으로 꿰매어 놓고
마른 젖꼭지로
이파리를 간신히 매달고 있는 가로수들
짐승같이 울부짖은 날이면 고개를 들고
하늘을 본다 태양이 찬란할 무렵

버걱버걱 바람 불어도 감출 데 없어라
고장 난 시계는
기다란 팔을 치켜세운다
캘린더의 검은 글자는 일제히
대창을 들었지만 아주 나쁘지는 않다
'나쁘지 않다'라는 말을
주기도문 외듯 외워본다

자기의 식을 가진 말
심장인지 갈비뼈인지 옆구리인지
오른 손등 위인지 새겨보는
찌른 흔적이 나쁘지 않게 흘려버린

무늬를 보며 다시 외울 말을 들인다

젖꼭지에 매달린 이파리들은 무덤덤하게
바람도 들판의 별도 스치게 한다
햇빛 속에서
페루에서 온 여자가 다리를 길게 뻗으며
가슴에 헝겊을 갖다 대는 오후

아무래도

없는 길을 버리기

깊어지는 건
멀어지는 것
담배 연기 허공에
동그랗게
그려지는 것

언젠가 세상이
사라지기 시작했을 때

꼭 그러안고 바라본
눈과 눈
무슨 행복을 바랄까

길 없는 곳에 길을 버리고
내가 없는 곳에
나를 버리고

나는 이 조그만 창에 자기의 전부를 대고
막무가내인 하늘이 좋다
내 임의 거드름 같지 않아서 좋다

봄밤

물방울 사진이 있는 옆에
'비에도 지지 않고'라는 구절이

어디메쯤에서 던져진 '여기'
라고 생각한 마음이

'임이 아니면 서글프지 않으리' 울음 우는
키 큰 시곗바늘이

너무 크게 입을 벌리고 하품을 해대는
페루 여자가

철갑상어 등허리처럼 검은빛이 나는
삼천포 앞바다가

날개도 없이 날아 그 품에 기대보는
젊지도 않은 여자가

울렁거리는 신기한 기운 도는 밤바람의
보이지 않는 얼굴이

춥다

추석이라 더

무거운 달 쏟아질 것 같아
그러면 나는 노란 물 흐르는
갈비뼈 사이로 달처럼
둥그런 아기를 낳을 것 같아

달이 내 이마에도 눈꺼풀 위에도
주렁주렁 열릴 것 같아
달들이 내 몸에 사는 하루는

벽 속에서 팔이 도네
벽 속은 궁전처럼 환해
꺾어진 목 위로
금 간 벽 사이로 둥그렇게
꽃이 피고 있네

그런 날 내 몸에선
노래가 들릴 것 같아
한 천 년이 지나갈 것 같아

오후

이 길이 좋다고 생각한다
햇살은 터질 듯 부풀어 오르고
못 견딘 파편들이 부서져 내린다
나는 그 파편들의 소나기 속으로
몸을 구겨 넣고 들어가기 시작한다
바람은 키 작은 댓잎을 흔들어대며
구부릴 수 있을 만큼 구부린다
한 방향으로 나부끼다 다시 한 방향으로
몸을 트는 바람
호수는 그 아래쪽에서 넓은 귀를 늘어뜨리고
여러 갈래의 길을 모은다 나팔수처럼
내가 잠시 그 소리 엿듣는 벤치 위로
어떤 노래가 흐른다 붉은 날개
비행기는 긴 꼬리를 남기며
유선형으로 사라져간다
시간은 점점 더 모르겠어서
내 옆에 앉은 키 큰 페루 여자는
검은 눈썹을 반짝거린다

표지판

시간이 걸렸다

우리 가는 길이
따로 얽혀 있어

길을 몰랐다

글자는 바른 길을
알려주겠지만

네모난 길 안에서 뱅글
돌아가는 운명이었다

아무거나를 거부하니까
목적이 생겼다

바다를 닮은 초록이어서
나부꼈고 일렁거렸다

무성한 나무들이
휙휙 심장 속을 가로질러 갔다

이 길이 네 길이야
들어간 길을 변명하지만

둘이 있을 땐
어쩔 수 없이 희망이 생겼다

아가서*를 점치다

나르드와 사프란
향초와 육계향 온갖 향나무와 함께
몰약과 침향 온갖 최상의 향료와 함께
그이가 떠나버려 나는 넋이 나갔네

그대 연인이 다른 연인보다 나은 게 있나
사랑은 죽음처럼 강하고
정열은 저승처럼 억센 것

그 열기는 불의 열기랍니다
더할 나위 없이 격렬한 불길
큰물로도 끌 수 없고
강물도 휩쓸어 가지 못한답니다

누가 사랑을 사려고
제집의 온 재산을 내놓는다 해도
사람들은 그를 경멸할 뿐이랍니다
되뇌지만

여지없이 갈라서는

왼쪽과 오른쪽

* 가톨릭 성서 「아가」, 솔로몬의 가장 아름다운 노래.

전어를 먹으며

가시가 살인 생선
살이 가시인 생선
가늠하기 혼잡해
그냥 우라지게 씹는다

아이는 가시를 먹고
울어버리지만

살을 주려다 가시를
주어버린 기억이 있다
기억 따윈 무덤에 두고

보채는 아이에게
무엇을 줄까

소나무 향기가 나는
뒷목 언저리에
해가 내려와 앉는다

어떤 새벽

영들이 맑아져
삼천포 앞바다 물만큼 시려

하늘도 솜털처럼
보송보송해져 갈 즈음이라

목울대를 쳐 올라오는
자동 음향기의 노랫소리가
골목까지 따라와

얼굴이 천 개인 사람의
집에 가고 싶어

푸르른 새벽

꽃씨

새절역
모래무지 놀이터에
대궁이 하나 솟아 있다

후광처럼 민들레 꽃씨 하나
엉성히 붙들려 있다

아이는
신이 나서 꽃집을
부수고 있다
손가락 두 개로
골몰한 집 허물기

사라지는 집은
더 아름다운 풍경을 하늘에
펼치고 있다

오갈 데 없는 마음

꽃씨를 닮아 지상을 박차보는데

바람을 못 이겨도
지치지 마라
사랑아

퇴근길

자동차들은 일제히 줄을 서서
떨어지는 황혼을 주우러 가네

바퀴들은 한 곳을 바라보지만
제각기 자기의 것을 굴리고 있네

베란다의 창문엔 바지들과 이불들과
흰옷들이 단풍잎처럼

늘어선 리어카엔 군고구마와 튀김이
지글지글 익어가네

두건을 두른 여인들과 어린 소녀들
추리닝 바지를 입은 소년들이
동전을 흘리며 눈웃음을 웃네

황혼을 주운 자동차들은 바퀴에 황금을 달고
융단으로 펼친 아스팔트가 하늘 끝까지

풍선을 주렁주렁 달고

모르는 사람처럼 우리들의
하루가 가고 하루가 가고 하루가 가네
아무렇게도 닿아 있지 않은 하루

바퀴 속으로
접혀 들어가는 시간의 비트

오래된 호수

짐승 같아라
머리채를 늘어뜨리고
대낮이 졸고 있다

고요가 흐르는지 흐르지 않는지
천지간에 부어오른 공기 자욱
물속까지 전신을 뻗는다

벤치 위엔 연인이 둘
호젓이 앉아 있을 뿐

물은 속으로 썩어가고
게워 올린 흔적들이
검은 비닐봉지와 함께 펄럭거린다

버드나무는 물 옆으로
몸이 기울지만
땅속 깊은 곳에 심지를 당겼나

수면을 흔들며
짐승 한 마리 기어 나온다

십이랑 구랑

'아프다'와 '아프지 않다'가 '고량주'와 '맥주'가
'사랑해'와 '그래요'가
온밤을 휘저어 말간 스프가 되었다

검은 숲 같은 곳에서 멀뚱멀뚱 눈들이 쏟아졌다
푸딩 같은 눈 싹싹 핥아 먹었다 달콤한 피가 흘렀다 뚝
뼈를 맞추었다 휘어지는 뼈 머리는 수만 개
잊어버렸다 먹통이 되었다

호주머니가 울고 새가 울었다
핀셋으로 불뚝 솟아오른 목젖을 헤집었다
끌려 나오는 검은 새들
우수수 없는 몸들이 쏟아졌다
발가벗은 것들이 도처에 가득했다

하염없는 허공 매끄러웠다
들어간 데도 나온 데도 없는 커다란 허공
걸신이 들려 배가 터지도록 삼키고 말았다

붉은 아기들이 재잘재잘거렸다 구슬 같은 아기들
침묵이 밤을 빳빳하게 했다
빳빳한 어둠은 속에 가장 부드러운 구름을 키웠다

또 창에

매화나무 어른거린다
시렁 같은 이마 위로
내려앉은 것은 어제의 매화나무

대책 없는 향기가 문틈까지 비집고
들어왔을 때 가지들은
저마다 연푸른 잎을 하나씩 달고
히죽거린다

그런 날은 발목까지 하얗게 덮은
저것들의 배후를 묻지 마라

꽃 위에 꽃
수많은 당신
찢어진 종잇조각
수많은 이별
사월은 천천히 가고만 싶어

머리칼 빗어 내린 창에 와 부딪치며
어제 마음 오늘 안 것을 고백한다

골목

새절역 산200번지 분리수거함 아래
평화는 될수록 검은색이다
잠자는 사람의 밖

몸이 얇은 매화나무는 팔 한쪽이라도
팔랑거리고 싶다

리어카 위엔 젖은 폐지들
왁자지껄 없는 골목 안
매화나무 아래

헐렁한 교복 입은 소녀들이
서 있다 가고
담배꽁초 버려진 구석에서
연인들이 오래 끌어안고 간다

밤이 오려는지
둥근 달이 끄덕거리며
외투를 꺼내 펼치고 있다

3부

어떤 작별

오른쪽 옆구리께로 번개는 들어온다 흰 칼이 팔뚝만 하다으, 살이 사각인다 사각사각 각자의 소리를 가진 세포들 제가 가진 DNA를 온몸에 퍼뜨린다 욱신거린다 어둠은 하나의 개념이 되이 이름답다 서로가 이름 가지기를 거부하지만 아름다운 건 변하기 쉬우니까

더 많이 사랑하는 법을 알려달라고 했다 참, 공포가 창문가에서 미소를 던진다 그냥 신호등이 빛난다 사람들이 가고 오고 새벽이 밝아온다

볕

남향받이 창은
실뱀들이 기어 다니는
오후의 늪

비집고 들어온
실뱀을 목에 두르고
늪 속에 앉으면 온몸에
주렁주렁 과실들이 달린다

과실들이 검은 심줄을
몸에 새겨 넣고 있다

나무의 새순이
연푸른 허리를 세우고
보도블록 무늬도
나무 곁에서
나풀나풀 몸을 세우고

연인들이 벤치에 앉아
종이컵에 커피를 따라주고
김밥 한 개 넣어주고

아지랑이가
팔을 휘저어 참새의
목을 껴안아 주고 있다

잘했네 뭘

알파파!
평화와 이성이 작용해서 좋아요

통나무 껍질이 딱딱 소리를 내며
타기 시작할 때 개미들은

절망 속을 기어 허우적거렸다는
어느 시인의 말은 알파파!

죽을 때까지 불타는 집 주변을
방황하는 개미와 같이

진창이네요 진창 와장창!
밀착은 금물이라고 허우적!

이를 깨물고 거리를
두자고 메타세쿼이아!

무서운 장애물부터 없애라고
안개밭의 보리수!

아무것도 할 수 없음의 죽음
의 게릴라!

눈송이는 펑펑 솟구쳐요
잘했네 뭘

무이파

안면도 앞바다에 해일이 든다
낯선 신을 섬기는 한때

바다는 휘청대며 껍질을 벗는다
열 겹 스무 겹……

높은 에메랄드빛 작두날처럼 춤춘다
에프라타에서 소식을 듣고
야아르에서 궤를 찾은 독침이 안식에 든다

발판 앞에 혀를 내밀고
소용돌이는 소용돌이를
귀신은 귀신을 접하는 때

여인은 태양을 입고 발밑에 달을 두고
머리에 열두 개로 된 관을 썼다 벗는다

옥좌는 불꽃 같고 옥좌의 바퀴들은

타오르는 불 같고 불길같이
파도는 뿜어져 나온다

용의 꼬리는 떨어져 나간 채
기슭을 덮치고 검은 바위는
천 년 전 지옥의 일을 받아 적는다

귀 기울이던 돌이 튀어 오른다

오빠의 무덤

마른 풀내 나는 저수지 수문 근처엔
늙은 지렁이 풀밭이 있다
구릉 위로 구름 몇 올 뽑혀 올려져 있다

공동묘지는 어디에나 나동그라져 있다
뿌리 깊은 대들보를 정수리에 꽂고 있다

햇빛 아래 삭정이를 들추면
뼈마디가 수북이 올라오는 곳

맘껏 휘어져 버린 키 큰 억새도 있다
더 이상 뻗지 않는 곳
이 빠진 낫조차 가슴으로 바닥을 핥는 곳

바닥은 맨들맨들해지는데
맨드라미가 피기도 하고
혀같이 붉은 샐비어가 자라기도 한다

이마가 둥근 오빠가 산책을 나오기도 한다
빨랫줄에 매달려
까마귀같이 꾸우욱, 울던 오빠

허락도 없이

모퉁이를 돌아가는데
꽃집에 꽃이 구름 덩이다
이럴 때 봄이다!

백장미와 안개와 히아신스
백합은 키 큰 아가씨처럼

바람은 스카프를 목에 두르고
빛나는 흰색 아가씨처럼
어지러운 오후

지팡이로 아스팔트를
휙 말아 솜사탕을 만들어
뻔뻔스럽게—
꽂아놓고 싶다!

청소하는 저녁

헛손질로 먼지를 닦는다
헛것이 돌아다닌다
그도 헛것이 되어 따라다닌다
아홉 시엔 어김없이 뉴스가 전달되고
어떤 사내가 웃음을 흘린다
등을 구부리고 사내는
헛구역질을 해댄다
창문 밖에선 브로치를 달고
가로등이 헛바퀴 돈다
하루 종일 쌓인 방 안의 껍질들
심장에서 뛰쳐나온 악마들
헛소리가 허깨비의 머리통을 누빈다
어리석음이 망각을 가로지른다
의자와 고양이의 건넌방에서
그릇과 냄비의 싱크대에서
고흐의 그림이 걸린 벽에서
별들이 노랗게 쏟아진다
빛나는 시곗바늘이 헛도리질 친다
바닥이 삐걱거린다

징시루*라는 건반

왼손은 지금 '라'를 치고 있다 오른손은 높은 옥타브 '레'를 누르고 있다
건반은 하늘을 날고 있다 검은 새는 구름 사이 무거운 날개 쉬고 있다

보드라운 날개깃으로 구름 목젖을 어루만지고 있다

새들은 검은 가루처럼 날리면서 씨아우! 씨아우! 해가 지네요 말한다
허공에 빨대를 꽂고 골수를 쭈욱 빨아들이면서 늙어가는 오후

거꾸로 매달린 바닥 건반과 브로치 음악은 무대 뒤편으로 사라지고 있다
둥근 해를 넣은 배가 벽 사이에 끼어 납작해지고 있다

배 속에서 한 도시가 뛰쳐나오고 있다
'레'를 너무 오래 누르면 폭발할 것만 같다

* 산동성 제남시의 거리 이름

밤별

별이 자라고 있다
미네랄이 쏟아지고 있다
물먹은 별
통통하게 살이 올라 있다

그 별이 나를 별이라고 부른다
침대에 누운 나를 구름 속에
누웠다고 한다

별의 나라에서 보면
여기가 별의 나라
그 별이 나의 침대에 놀러 와서
통통해진 볼을 들이민다

어여뻐라 별의 목젖이
섬처럼 떠 있다

새벽이라는 동굴 속

새의 깃털이 좋아
무한 잠수해버린
우리들은 팽팽하다

나무

뿌리 근처 발목까지
확, 꺾인 나무였다
그 큰 둥치가 벼락을 맞았는지
태풍에 그랬는지
산 중턱에 보란 듯이
가로놓여 있다

아이들은 놀이터 삼아
뛰놀고 뿌리 쪽으로
하얗게 드러난 속살이
보송보송한
솜버섯들을 키우고 있다

한때 향기 가득 품었을
아카시아나무
허파까지 까맣게 굳어
꿈쩍을 않는다

무거운 만남이 있은 뒤
사흘 밤낮을 눈감고
지낸 산과 나무는
거무레한 바닥을 만들며
떨어질 줄 모른다

첫 기억

치마끈을 놓쳤던 잔칫집 마당
기약 없이 나오지 않던 엄마
집으로 가는 길은 무서웠다
오십 원이 있어 다행이었던 길
주먹을 꽉 쥐어도
주먹이 자꾸 풀어지던 길
벼들은 출렁거렸고
울음도 터지질 않았다
엄마는 오지 않고
개구리인지 눈이 커다란
괴물이 달려들었다
무슨 일이었는지
우물 속으로 흐르르르
빠져버린 동전 한 닢
뒤뚱거리던 동전 한 닢
서슬 퍼런 물 냄새 풍겼던
그 우물, 높아가던 하늘
길 잃은 다섯 살

고개를 박고 마주쳤던
젖무덤 속같이
새까맣게 출렁였던 그 바닥

그동안

시간이 흘러갑니다
이렇게 슬프게 하면, 나쁩니다
새벽 세 시 팔 분
박물관은 살아 있습니다
아프리카의 흰 매들은 사냥을 위해
날개를 다듬고
코 고는 사람의 방에선
쉴 새 없이 화면이 돌아갑니다
수영에 능란한 매의 부리는
검은 파도의 색깔을 하고
미꾸라지의 유연한 허리춤을 공격합니다
창문 틈으로 하얀 새벽달
도시의 모서리쯤 꺾여 들어갑니다
아스팔트를 걸쳐 입고 기어가는 사람들
어디론지 굴러가는 자동차들
바스락 몸을 마는 낙엽들
흰꼬리수리 두 눈 번뜩이며
생각하는 동안

가느다란 여인 하나가
화병에 물을 갈고
침대 밑으로 흘러들어 갑니다

꽃들의 성모마리아

라일락은 환한 몸을
가지고 있지
몸이 환을 보고 있어

타닥타닥 태양을 튀기면
부드러운 모래알이 흘러내리지
여념이 없어

참새가 기울인
저 무거운 둥그런 해는
좌르르르르
용암으로 쏟아져 내린다

다섯 시 미사엔
그 임이 올까

여인들은 흰 두건을
쓴 채 비파를 켜고

몸살 난 관절과 뼈의 벌집들
비어 있는 곳으로
바람은 한 움큼씩
드나드는데

이중섭기념관

칼국수는 왜 칼국수일까
아스파라거스는 왜 아스파라거스일까
서귀포에서 바라본 제주 앞바다는
왜 펑펑 울고 있을까

칼로 썰어 만든 반죽이라 그렇지
노을은 없고 대신 밀가루 반죽 같은
다섯 시 비가 내린다
주룩주루룩 펑퍼짐하게

하혈하는 하늘 말간 피 무덤
이상한 날엔 바다로 가자
이중섭기념관이라고 새겨놓은
언덕 위의 하얀 집

마당 위에 커다란 소가 서 있다
소뿔 같은 머리를 박으며 찾아드는 비

태양은 얼어붙은 제 핏속에 빠져들고

불은리 근처 사람들은 낙조라고도 부른다 떨어지는 새 미친 달이거나 장미 화관이어도 좋아라 하늘은 심장에 가시 화관을 새겨 넣고 뚝뚝 피 흘린다 젖을 만큼 젖어 구를 수도 없을 만큼 빽빽하게 젖이 이디로 가는 것인가 구름 속 바닷속 낙엽 더미 속 갈대 늪 흔드는 바람 속 하늘이 가는 것인가 내가 도는 것인가 만삭인 해가 달을 낳는다 뻥 뚫린 지하 붉은 계곡 폭포 아래 꽉 차올라서 꼭 그만큼 몸을 연 내가 삼키고야 말았던 커다란 캄캄한 처음인

가면 이벤트*

얼굴보다 큰 가면을 만든다 이 가면을 매일
윤이 나도록 닦는다
아침에는 얼굴 대신 가면을 씻는다
누가 나에게 키스하고 싶다고 하면
가면에게 키스하라고 한다

슬픔에 번호를 붙여 구멍을 뚫는다 의자 걸이에
흔들릴 수 있도록 걸어놓는다
목록을 작성해 돌 위에
하나씩 올려놓는다 슬프다고
생각될 때마다 까치발을 든다

아기의 엉덩이가 치켜 오른다 팔꿈치 없는
아기는 코끼리일까 숨을 쉬어라 무릎이 없는
아기는? 이름을 붙여주고 구름의 숫자를 세어본다

방향을 틀어본다 마주 앉은 사람에게서
구름과 엉덩이, 식빵과 슬픔

구멍 나기 쉬운 것들 닥친다
스스로 죽어가는 내일이 온다
피가 흐르기 시작한다

* 오노 요코 평전에서 일부 카피함.

장마 후

물속에선 너무도 찬란했지
햇빛에 무지개처럼 빛이 나는 뱀의 껍질들
화단에선 쉬지 않고 넝쿨들이 자라고
내가 사랑하는 사람이 가르쳐준 사랑이
익어갔지 사실 모르는 것의 사랑이

푸른 진액 같은 냄새의 계단 같은
속절없음 붉기도 했지
그녀의 방에선 기다란 소리가 났지
단말마는 그녀가 강아지와 즐기는 한때
뚜껑과 껍질은 뭐가 다를까
그녀는 성호경을 긋고,

아름다운 한때여 지나가라 집중호우와 같이
사실 수많은 칼들이 절단하는 세상의 반
부러진 낮달이 푸르게 걸린 언덕을 지나
그녀의 잠긴 방을 구겨 넣고 어푸어푸어푸

이 집이 무서워요 물이 들어오고
사람들도 무서워요 여자가 쉬지 않고
중얼거릴 때 한 사람 두 사람 무서운 사람
찬란한 축제 같은 세 번째 수요일, 생각에 묶인다

불면

달이 동그란 눈을 부릅뜨더니
거실로 들어온다
달이 휘이 한 바퀴 돌더니
정수리께로 먹물을 쏟아붓는다
명치끝으로 달이 떨어져
철렁철렁 구른다
온몸이 스멀스멀하도록
창자 깊숙한 곳까지 달이 굴러다닌다
내 안이 한참 환한 줄 알았더니
달은 들어오자마자 새까맣게 타버렸다
박힌 달 속, 생각이 몸을 비집고
허연 살을 흔들며
웅덩이처럼 어두운 곳에서
죽은 달을 파먹고 있다
골짜기마다 폭풍이 벽을 만든다
벽은 허방을 돌고 있다
칠흑 속에서 뻣뻣해진 달이
염소의 엉덩이를 쿡쿡 찌르고 있다

모퉁이의 시간

구름이 분가루처럼 흩날리는 때
눈이 부셔 모르겠다

지난밤 가로등 비친 창문에 어른거리던
귀신 같은 나뭇잎의 흐느끼는 소리
뿌리가 뒤틀리는지 참으로 흔들린다

개미들이 굿을 하는 나라 깃발은 여러 개
국화꽃 피는지 천지간이 환하다

줄지어 선 개미 떼가
아직 몸에 스멀거린다

한낮인데도 밤의 추억이 설핏 따라다닌다
천불산 봉우리가 하늘을 향해
제 콧등을 치켜들고 음머— 울어젖히면

저승에서의 자화상

새벽 세 시는 매끄럽다

북극성이 멀리서 빛난다
저들은 외로워 보이지 않는다

대륙의 아스팔트와
플라타너스의 불

그때마다 와서
이파리를 붙드는 별

바닥을 훑는
차바퀴의 굉음

그때마다 와서
바퀴를 붙드는 벽

이쪽을 벗고 저쪽을 입어보는 일

서로가 서로를 붙드는 밤

지상의 것들은
다 뒤집어진다

굉음 속엔 바퀴들이 벗어놓은
자국이 도사리고 있다

지평선이 휘말려 들어간다

마주친 사람

카이위엔 산장 놀이터 앞
쓰러진 사람이 있다

무너진 등 뒤
지팡이가 나뒹굴고 있다

굴러떨어진 눈동자가
지나는 나를 다급히 잡는다

동공이 하늘만큼 커진 눈
파랗고 노란 하늘이 다 들어간다

들려오는 말 허둥지둥
뱀처럼 길이 꼬리를 치고 있다

잠시 머뭇거리던 바람
이내 휙 지나간다

우리는 변방에 서 있는 사람
손과 손이 온몸을 붙들고 있다

날갯죽지를 펴보지만
무슨 말을 하나
들리지 않는 말들이 오고 간다

고양이 한 마리 덤불 속에서
부스스 기어 나오고 있다

숲과 바람

내가 알고 있는 건
아까시나무 자작나무
홍매화나무 후박나무

일제히 한 방향으로 쓰러지는 순간
이파리들 다투어 치솟는 순간

내가 알고 있는 건
몇 나무의 이름

가지 사이 별 같은 발가락으로
우주를 지탱하는 새

한 더미가 몽땅 바닥에 닿을 듯
엎드려 진동하는 순간
굽이치는 저 새

어떤 소리는 재잘거리고
어떤 소리는 박힌다

| 해설 |

떠돌이 자아의 아프고도 슬픈 추상

이은봉 시인 · 광주대 문예창작과 교수

시에 접근하는 시각은 다양하다. 내용에 초점을 두면 현실의 '반영'이 되고, 의식에 초점을 두면 내면의 '표현'이 된다. 시론에서는 흔히 전자를 '반영론'이라고 하고, 후자를 '표현론'이라고 한다. 그러나 실제의 시에서는 언제나 '현실'과 '내면'이 상호 뒤섞인 채로 드러나기 마련이다. 현실이든 내면이든 있는 그대로의 것을 있는 그대로 드러내기는 불가능하다. 시인이라면 누구나 창작의 과정에서 다양한 형태로 현실과 내면을 요약 · 압축할 수밖에 없다. 여기서 말하는 현실과 내면은 물론 시적 대상을 가리킨다.

시적 대상을 요약 · 압축하는 일은 추상抽象의 일차적인 방법이다. 추상은 모든 현대예술이 지니고 있는 매우 중요한 방법적 특징이다. '추상'이라는 말의 자의字義 자체가 '상象을 뽑아내다', '상을 주출抽出하다'라는 것을 염두에 둘 필요가 있다. 전체의 요약

·압축 이외의 또 다른 추상의 방식으로는 흔히 '부분의 확대'를 든다. 하지만 추상과 관련해 정작 관심을 기울여야 할 것은 '부분의 확대'보다는 전체의 요약·압축이다. 시를 쓰는 일 자체가 현실이든 내면이든 시적 대상을 요약·압축하는 성격을 갖고 있기 때문이다.

상의 추출, 곧 상의 요약·압축은 시의 형상 자체를 만드는 일이기도 하다. 얼마나 어떻게 요약·압축하느냐에 따라 시의 형상은 추상이 되기도 하고 구상이 되기도 한다. 시적 대상을 지나치게 요약·압축하면 추상이 되어 독자들의 접근이 어려워질 수도 있다. 하지만 요약·압축을 포기하고 대상을 있는 그대로 모사模寫·영사映寫하는 것에도 문제는 있다. 아무런 상징도 들어 있지 않은 지나친 구상은 곧바로 진부해지고 식상해지기 때문이다.

시적 대상과 관련해 생각하면 전자는 '감추기'라고 할 수 있고, 후자는 '드러내기'라고 할 수 있다. 창작의 과정에 시적 대상을 적절히 감추는 일과 드러내는 일이 갖는 중요성에 대해서는 따로 강조할 필요가 없다. 실제로는 시의 실패와 성공 여부에 가장 직접적으로 관여하는 것이 그것이기 때문이다. 따라서 기발한 발상을 포착하는 것도 중요하지만 그것을 제대로 표현하는 것도 중요하다. 이때 제대로 표현하는 일이 감추기와 드러내기를 적절히 조화하는 일이라는 것은 불문가지이다.

여기서 이러한 논의를 하고 있는 까닭은 단순하다. 이 글의 대상인 강재순의 시에 지나치게 감추어진 부분이 상당하기 때문이다. 따라서 그의 시를 바르게 읽고 즐기기 위해서는 이들 감추어진 부분에 대한 일정한 설명과 해석이 필요하다. 이때의 설명과 해석을 좀 더 효과적으로 수행하기 위해서는 일단 그가 중국 제남 소재의 '산동청년정치대학'에서 한국어 교수로 일하고 있다는 점부터 알 필요가 있다. 이 시집 『오래된 호수』의 시들에 제남, 청도, 산동 등 중국의 지명이 드러나 있는 것부터 관심을 가져야 한다는 뜻이다.

> 청도 앞바다에서 먼 데를 보았습니다 바닷물과 하늘
> 모래무지와 갯벌이 서 있는 자리를 잊었습니다
> 허공에 갈매기들이 글자를 새기고 있었습니다
> 나도 어디 있는 줄 몰랐습니다 당신을 쫓아가다가
> 어지러웠습니다 곧게 이어진 흰 물거품 있는 곳에서
> 당신이 사라졌습니다
> —「청도에서」 전문

이 시에 의하면 시인은 중국 산동성 "청도 앞바다에서 먼 데"를 보고 있다. 이때의 '먼 데'는 그의 고국인 대한민국일 것이다. "먼 데는 참 슬픈데 / 될수록 가까이서 기쁨을 맛보"(「될수록 될수록」)고 싶은데, 시인은 지금 먼 데에 와 있는 것이다. "허공에 갈매기들이 글자를 새기고 있"는 곳, "청도 앞바다"가 그곳이거니와, 그는 여기서 "곧게 이어진 흰 물거품 있는 곳에서 / 당신이 사라"지는 것을 보고 있다. "흰 물거품 있는 곳에서" 사라지는 '당신'은 누구이고 무엇인가. 아마도 그것은 시인의 꿈이거나 이상, 좀 더 구체적으로 말해 그가 쓰고 싶었던 시일 것이다. 시를 좇아 중국 산동성 제남에까지 왔다가 문득 시를 잃어버린 듯한 느낌에 빠져 있는 것이 여기서의 그인 것이다.

이처럼 강재순 시에 드러나 있는 공간은 중국 산동성의 여러 곳인 경우가 상당하다. 창작 당시 그가 대한민국에 거주하지 않고 있었기 때문이리라. 그래서였겠지만 그는 자신의 시에서 자주 불안정한 정서를 노출한다. "한 냄비 끓어오른 국물처럼" 누군가를 "부글부글 / 미워하"기도 하고, "모진 하루 모진 시간을 / 보내며 사소함에 / 목숨을"(「믿음이 약한 자」) 걸기도 하는 것이다. 뿐만 아니라 그는 자주 "오른쪽 옆구리께로 번개"가 들어(「어떤 작별」)오는 정신적 체험을 하기도 한다.

그가 자신의 시에서 이처럼 불안, 초조, 분노, 증오, 인내 등의 정서를 보여주는 데는 분주하게 계속되는 나날의 일상도 한몫을 하는 듯하다. 이와 더불어 시인의 마음속에 깊이 자리해 있는 "막다른 길"(「숲과 방」)에 대한 자각도 주목하지 않을 수 없다. 물론 지나치게 추상화되어 있어 시인이 처해 있는 심리적 현존을 제대로 파악하기는 쉽지 않다. 하지만 그가 자신의 "길이 / 따로 얽혀 있"다고, "뱅글 / 돌아가"(「표지판」)고 있다고 이해하고 있는 것만은 분명하다. 나날의 삶에서는 그가 늘 "돌고 돌아" "막다른 길"에 처해 있다고 느끼고 있는 것이다.

숲은 길게 이어져 있다

돌고 돌아 있구나
막다른 길도 있구나
즐거운 일이 흘러내리고

물방울 한 방울
물방울 두 방울
검은 색깔이 되어 뚝뚝

그늘이 몸을 도려내고 있구나

집을 찾지 못한 새는
꿈속에서 꾸욱 울부짖는다
—「숲과 방」 부분

이 시에서의 "집을 찾지 못한 새"는 객관상관물로도 기능한다. 시인이 처해 있는 현존을 상징하기도 하는 것이 이 시에서의 "집을 찾지 못한 새"이다. 따라서 "집을 찾지 못한 새"는 "꿈속에서 꾸욱 울부짖는" 새이기도 하다. "집을 찾지 못"하고 "꿈속에서 꾸욱 울부짖"고 있더라도 시인이 저 자신을 '새'로 받아들이고 있다는 것은 그가 아직 희망을 잃지 않고 있다는 것을 가리킨다. 따라서 새의 이미지를 내포하는 시를 쓴다는 것은 그것 자체로 미래의 희망을 가꾸는 일이라고 하지 않을 수 없다. 그의 마음에는 여전히 고통이 계속되고 있겠지만 말이다.

이처럼 고통이 계속될 때 그가 자신의 고향을 떠올리는 것은 매우 자연스러운 일이다. 고향은 언제나 뿌리 뽑힌 채 떠도는 자의 마음을 차지하며 향수의 정서를 불러일으키기 마련이다. 그곳이 늘 유년 시절에 체험한 어머니 대지로 회억되기 때문이다. 어머니 대지로 회억되는 고향이 뿌리 뽑힌 채 떠도는 자의 마음을 사로잡는 것은 타향에서의 나날이 그만큼 힘들고 고달프기 때문이다.

끊임없이 향수의 정서를 불러일으키는 고향은 언제나 이미지의 군집인 풍경의 형태로 존재하기 마련이다. 다음의 시에서 시인 강재순의 고향이 "슬레이트 지붕의 본채 옆" "달아낸 초가지붕의 / 흙담"으로 기억되는 것도 이와 무관하지 않다. 그에게는 일단 "아릿한 코끝을 지니고 있"는 따듯한 남향으로 기억되는 곳이 고향이라는 것이다.

> 슬레이트 지붕의 본채 옆엔 달아낸 초가지붕의
> 흙담이 있었다 남향은 아릿한 코끝을 지니고 있었다
>
> 싸리나무로 엮은 토끼장 안에 빨간 눈
> 빛나는 다섯 마리의 토끼가 살았다

흰 털이 바람에 산들거리며
코끝에 번지는 남쪽 냄새를 쓸어주었다

동갑내기 친구와 차돌로 공기놀이를 했다
조무래기들은 꼭 싸우고 헤어졌다

혼자 남아 먼 훗날을 그려보았다
바닥엔 언제나 똑같은 풍경이 그려졌다

언덕 너머로 제트기가 날아갈 때도 있었다
가슴을 가르는 소리가 햇빛까지 닿았다

토끼들은 하나둘 사라져갔다 꼬마는
흰옷을 입고 언덕을 오르락내리락했다

맨드라미꽃 진홍빛 피 흘리며 스러져갈 때
봄볕을 버리지 못한 채 뜨겁게 비가 흐르고 있었다
—「별의 기억」 전문

이 시에서도 고향은 자연과 함께하는 이미지의 형태로, 나아가 풍경의 형태로 자리한다. 이때의 풍경에는 "빨간 눈"이 "빛나는 다섯 마리의 토끼가 살"고, "차돌로 공기놀이를" 하는 "동갑내기 친구"가 산다. 하지만 "토끼들은 하나둘 사라"진 지 오래이고, "꼬마는 / 흰옷을 입고 언덕을 오르락내리락"한 지 오래이다. 그리하여 지금은 "봄볕을 버리지 못한 채 뜨겁게 비가 흐르고 있"는 곳이 그의 고향이다.

그의 시에서 고향에 대한 기억은 이에서 그치지 않는다. 다른 시에 따르면 그의 고향은 죽은 '오빠의 무덤'이 자리해 있는 곳이기도 하다. 그가 상상하기에 오빠의 무덤이 있는 곳은 "햇빛 아래 삭정이를 들추면 / 뼈마디가 수북이 올라오는 곳"이다. 뿐만 아니라 그곳은 "맘껏 휘어져 버린 키 큰 억새도 있"는 곳, "맨드라미가 피기도 하고 / 혀같이 붉은 샐비어가 자라기도" 하는 곳이다.

오빠의 무덤이 있는 곳에 대한 그의 기억, "저수지 수문 근처"의 "늙은 지렁이 풀밭"에 대한 그의 기억이 마냥 긍정적이지는 않다. "뿌리 깊은 대들보를 정수리에 꽂고 있"던 오빠이기는 하지만 "빨랫줄에 매달려 / 까마귀같이 꾸우욱, 울던 오빠"(「오빠의 무덤」)이기도 하기 때문이다. 오빠의 죽음이 그의 가족에게 주었을 충격과 절망에 대해서는 깊이 논의할 필요가 없다. 이처럼 고향은 그에게 따듯한 햇볕의 공간이기도 하지만 죽은 "오빠가 산책을 나오"는 어두운 공간이기도 하다.

유년 시절 고향에서 이처럼 아픈 체험을 했던 시인이 나날의 현실에서 온전하고 단단한 자아를 갖기란 쉽지 않다. 그가 나날의 일상을 "짐승같이 울부짖은 날"들(「상실의 시선」)로 받아들이고 있는 것도 이와 무관하지 않다. 따라서 온갖 고통에 처해 있는 그가 “밤 한 시 태양이” 뜨고, “붉은 과즙이 흘러내”리고, “바구니 가득” “태양”이 담겨 있는 초현실적 이미지에 집착하는 것은 짐짓 당연한 일이라고 하지 않을 수 없다.

밤 한 시 태양이 뜬다
붉은 과즙이 흘러내린다
바구니 가득 담긴 태양
한입 베어 물기 아까워 들었다 놓았다 한다
바지에 문지르고 문질러 맨질맨질해지도록
문질러 모난 데가 하나 없는 태양

나는 믿는다 둥그렇고
살이 통통한 엉덩이 같은
귀여운 밤의 태양을
숲에선 고양이의 붉은 울음이
방 한가득 쏟아져 꿀맛 같은 말을 건넨다
걱정하지 말아요 내일은 내일의 태양이 뜨니
타향에서 언제나 건강을 조심하고

이 방은 잠시 타향 우리는 모두의 타향
우리는 서로를 안심시켜주기로 한다
이 방은 잠시 과수원의 복숭아나무를

키우기로 한다 그런 밤 한 시는
슬프지 않아도 되고 따뜻하지 않아도 되고
오래된 물건이 없어도 된다
—「잠 못 드는 밤」 전문

이 시에는 '어느 잠 못 드는 밤'의 복잡한 심회가 토로되어 있다. '어느 잠 못 드는 밤'에 시인은 "바구니 가득 담긴 태양"을 "한 입 베어 물기 아까워 들었다 놓았다" 한다. "바구니 가득 담긴 태양"은 물론 복숭아의 환유이다. 복숭아를 태양으로 환유하는 그의 마음을 이해하지 못할 것은 없다. 복숭아를 "바지에" "맨질맨질해지도록 / 문질러 모난 데가 하나 없는 태양"으로 만드는 마음도 마찬가지이다. 태양의 관습적 상징은 남성, 하느님, 희망, 미래, 꿈, 지위, 자리, 위치 등이다. 이 시에서는 태양을 이들 중 어느 것으로 이해하더라도 무방하다. 2연에서는 "둥그렇고 / 살이 통통한 엉덩이 같은 / 귀여운 밤의 태양을" "나는 믿는다"고 노래하고 있거니와, 이 또한 다를 바 없다. 온갖 고통 속에서도 그가 "귀여운 밤의 태양"으로 상징되는 긍정적인 마음을 잃지 않고 있다는 뜻이기 때문이다. 이어지는 구절의 "걱정하지 말아요 내일은 내일의 태양이 뜨니 / 타향에서 언제나 건강을 조심하고" 등의 내포도 동일하다. 지금은 중국 제남의 거리를 떠돌고 있을지라도 그가 자신의 꿈, 희망, 미래 등을 포기하고 있지는 않다는 것이다. 그렇다. "바람은 불고 춥"더라도 하루하루의 나날을 "믿는다는 믿음"으로 살고 있는 것이 그이다.

믿는다는 믿음 그뿐
바람은 불고 춥다

황혼은 조금씩
무거워진다

헛된 꿈이건 아니건
운행하는 별이 있다

천천히
아무 데로든지
어디에나에
멍텅구리 별

모든 것을 잃어가던
아름다운 시절

어슴프레 별이
뜨고 있다
—「제남에 온 날」 전문

이 시는 산동청년정치대학이 위치해 있는 '제남에 온 날'의 감회를 담고 있다. 이 시에서 시인은 "조금씩 / 무거워"지는 황혼을 느끼면서도 "헛된 꿈이건 아니건 / 운행하는 별"을 떠올린다. 그가 보기에 이 별은 "어디에나" 있는 "멍텅구리"에 불과할 수도 있다. 그에게 이때는 "아름다운 시절"이기도 하지만 "모든 것을 잃어가던" 시절이기도 하지 않은가. 따라서 그에게는 "어슴프레 별이 / 뜨고 있"는 것만으로도 큰 희망이라고 하지 않을 수 없다.

이처럼 그의 시에는 떠돌이 자아의 슬프고도 아픈 추상이 내화되어 있다. 물론 그것은 받아들이기 힘든 나날의 현실, 부정적인 외면에서 기인한다. 그러나 그는 이러한 정서를 애틋한 그리움으로 전환하는 특별한 힘을 갖고 있다. 이때의 애틋한 그리움의 대상이 구체적으로 무엇을 뜻하는지는 알기 어렵다. 지나치게 추상화되어 있기 때문인데, 그의 시에는 그것이 항용 별의 이미지로 드러난다. 다음의 시 역시 별의 이미지가 드러나 있는 예이다.

청년정치학교
작은 마당은 붐빈다

바람 부는 초저녁
플라타너스, 큰 둥치가 열두 그루
칠월의 나뭇잎들은
시멘트 바닥 사이사이에

날카로운 촉수를 뻗어
열기를 빨아들인다
몸에 난 구멍들도 앞다퉈
파르스름해지고 있다

서로 애쓰는 얼굴들이 겹친다
걷고 또 걷다 보면
사람들이, 하늘의 구름이
젖어버린 나무의 등이
팔뚝을 걷어 올리고
어느 품속으로 들어가고 있다

초록으로 물들어
팔랑거리는 나무의 끝
이른 별이 뜨고 있다
—「운동장 돌기」 전문

이 시는 상대적으로 좀 더 건강한 정서를 지니고 있다. 이 시에서 시인은 제남의 "청년정치학교 / 작은 마당"을 "걷고 또 걷"고 있다. 그가 지금 "칠월의 나뭇잎들"이 "시멘트 바닥 사이사이에 / 날카로운 촉수를 뻗어 / 열기를 빨아들"이고 있는 "청년정치학교 / 작은 마당"을 "걷고 또 걷"고 있는 이유는 단순하다. "걷고 또 걷다 보면" 활기가 생겨 "몸에 난 구멍들도 앞다퉈 / 파르스름해지"기 때문이다.

이처럼 그가 "걷고 또 걷"는 것은 몸의 건강을 위해서이다. 몸이 건강해지면 마음도 건강해지기 마련이다. 그가 생각하기에는 "걷고 또 걷다 보면" 건강이 좋아져 "사람들이, 하늘의 구름이", "젖어버린 나무"가 하느님의 "품속으로 들어가고 있"는 것이 보인다. 뿐만 아니라 "걷고 또 걷"는 동안 몸에 활기가 생겨 "초록으로 물들어 / 팔랑거리는 나무의 끝 / 이른 별이 뜨고 있"는 것도 보인다. 이때의 "이른 별"이 단지 자연현상만을 뜻하지 않으리라는 것은 불문가지이다. 이제는 그에게도 확실한 희망이 생긴 것이다.

이국의 타향에서 나날의 삶을 온전하게 유지하려면 무엇보다 필요한 것이 자기 다짐이다. 지속적으로 자기 다짐을 반복할 때 나날의 삶에 긍정적인 자아 개념이 형성되기 때문이다.

할 수 있는 데까지만 할 것
더 이상은 바라지 말 것
다른 세상을 청하지 말 것

출구는 뒤로 희망도 뒤로
아무 데로도 기울어지지 않고
자기의 할 일을 하기

말이 안 통하는 사람과도 목욕할 수 있기
같이 밥 먹는 사람과 사진 찍기
대륙엔 황사가 심한데 어디에서나 만발하기

서울만큼 넓은 창에 떠오르는 얼굴
멀어지면 잊히리니
길 속으로 걸어 들어가기

거짓말이라면 오늘 화병에
백합이라도 꽂아놓고!
—「편안한 잠」 전문

이 시에서 시인은 몇 가지 자기 다짐을 거듭한다. "할 수 있는 데까지만 할 것 / 더 이상은 바라지 말 것 / 다른 세상을 청하지 말 것" 등이 자기 다짐의 예이다. 이러한 자기 다짐은 "자기의 할 일을 하기", "말이 안 통하는 사람과도 목욕할 수 있기" 등으로 이어진다. 그가 이처럼 자기 다짐을 거듭하는 이유는 이 시의 제목처럼 '편안한 잠'을 자기 위해서이다. 이로 미루어 보면 평소에는 그가 편안한 잠을 자지 못한다는 것을 알 수 있다. 이때의 편안한 잠은 즉, 편안한 마음을 뜻한다.

물론 이러한 자기 다짐은 시인 자신의 '의지'에서 비롯된다. '의지'는 인간의 마음을 구성하는 매우 중요한 요소 중의 하나이다.

일반적으로 '의지'는 마음을 구성하는 또 다른 요소인 감정과 이성이 뒤섞이면서 태어난다. 인간의 마음 가운데 변수에 해당하는 감정과 상수에 해당하는 이성이 결합하면서 태어나는 것이 의지인 것이다. 따라서 아무래도 의지는 주관적 정신 영역을 바탕으로 할 수밖에 없다.

그렇다고 하더라도 '의지'가 떠돌이 자아의 고통이나 슬픔을 이겨내는 데 일정한 기여를 하는 것은 사실이다. 하지만 '의지'만으로 한번 형성된 마음의 고통이나 슬픔을 완전히 극복할 수 있는 것은 아니다. 고통이든 슬픔이든 마음의 동요를 완전히 털어내려면 가장 필요한 것이 '나는 타자다'라는 깨달음이다. '나는 타자다'라는 깨달음은 프랑스의 시인 랭보의 것이거니와, 동양의 지식인 일반에게는 '나는 없다'라는 부처님의 깨달음이 훨씬 익숙하다. 불교의 『아함경』에서 말하는 무자기無自己, 무자성無自性을 가리키는 것이다. 내가 남이든, 내가 없든 나를 극복한 사람은 나보다 남을 중심으로 세계를 이해할 수밖에 없다. 이러한 사람은 누구라도 남 속에서, 남을 통해, 남과 더불어 저 자신을 발견하기 마련이다.

잎사귀의 등

등의 빛깔은 푸르다

연푸른 물이 흐른다

저렇게 서늘한

잎새의 등을

가진 사람이 있었다

푸른 흔적이

우주를 물들이고 있다
—「등」 전문

이 시의 정서적 중심도 '나'보다 '남'에게 있다. 뜨거운 '주체'보다는 차가운 '객체'에 정서의 중심이 있는 것이 이 시이다. 이처럼 이 시는 주체의 정서를 진술하기보다는 객체의 이미지를 묘사하고 있다. 물론 이 시에 시인의 정서가 완벽하게 제거되어 있는 것은 아니다. "잎사귀의 등"처럼 "서늘한" "등을 / 가진 사람"에 대한 그리움을 바탕으로 하고 있는 것이 이 시이기 때문이다.

주체의 정서보다 객체의 이미지를 중심으로 하면 시에 시인이 개입하지 못한다. 이러한 시는 흔히 주체의 정서를 진술하기보다는 객체의 이미지를 묘사해 섬세한 풍경을 만든다. 만들어진 풍경을 통해 시인 자신의 의도를 십분 암시해내는 것이 그러한 시이다. 그러한 시가 보편적으로 다 좋은 시라고 하기는 어렵다. 하지만 시에 드러나 있는 이런저런 모습을 통해 시인의 정신 차원을 엿볼 수 있는 것은 사실이다.

이러한 맥락에서 살펴보면 보면 강재순의 시는 아직 절대 객관의 세계, 이른바 두두물물頭頭物物의 세계에까지 이르지는 못하고 있다. 여전히 들끓는 감정에 사로잡혀 있는 것이 그의 시이거니와, 실제로는 그가 '나는 타자다'라는 깨달음, '나는 없다'라는 깨달음에 이르러 있다는 것만도 매우 대단한 일이다. 얼마간은 복잡한 감정이 묻어 있는 그의 좋은 시 한 편을 함께 읽으며 여기서 글을 맺는다.

짐승 같아라
머리채를 늘어뜨리고
대낮이 졸고 있다

고요가 흐르는지 흐르지 않는지
천지간에 부어오른 공기 자욱
물속까지 전신을 뻗는다

벤치 위엔 연인이 둘
호젓이 앉아 있을 뿐

물은 속으로 썩어가고
게워 올린 흔적들이
검은 비닐봉지와 함께 펄럭거린다

버드나무는 물 옆으로
몸이 기울지만
땅속 깊은 곳에 심지를 당겼나

수면을 흔들며
짐승 한 마리 기어 나온다
—「오래된 호수」 전문

오래된 호수

초판 1쇄 2015년 2월 17일
지은이 강재순
펴낸이 김영재
펴낸곳 책만드는집

주소 서울 마포구 양화로3길 99 4층 (121-887)
전화 3142-1585·6
팩스 336-8908
전자우편 chaekjip@naver.com
출판등록 1994년 1월 13일 제10-927호

* 이 시집은 2008년 한국문화예술위원회의 지원금을 지원받아 발간되었습니다.

ISBN 978-89-7944-517-6 (04810)
ISBN 978-89-7944-354-7 (세트)